Inhalt

Speed Reading - funktioniert, wirkt aber keine Wunder

Kernthesen

Beitrag

Fallbeispiele

Weiterführende Literatur

Impressum

Speed Reading - funktioniert, wirkt aber keine Wunder

Harald Reil

Kernthesen

- Anbieter von Speed-Reading-Seminaren versprechen, durchschnittlich schnelle Leser in wahre Sprintmaschinen zu verwandeln.
- Ob die versprochenen Steigerungsraten allerdings tatsächlich zu erreichen sind, ist weniger selbstverständlich, als manche Anbieter ihren Kunden glauben machen wollen.
- Wissenschaftliche Untersuchungen zu diesem Thema sind bisher zumindest noch Mangelware.
- Dem Boom von Speed-Reading-Kursen tut das keinen Abbruch. Unternehmen sehen

darin eine Chance, ihre Mitarbeiter effizienter im Umgang mit Informationen zu machen.

Beitrag

Von 200 auf 1 000 in 60 Sekunden

Die Versprechen klingen illusorisch: 600 bis 1 000 Wörter pro Minute soll ein geübter Schnellleser verarbeiten können, ohne an Verständnis einzubüßen. Zum Vergleich: Der Durchschnittsleser schafft gerade mal 200 bis 400 Wörter in derselben Zeit. Kein Wunder, dass Speed-Reading-Trainer gefragte Leute sind und ihre Kurse boomen. In Zeiten, in der uns Tag für Tag ein neuer Informationstsunami überschwemmt, heißt es, kräftig strampeln, wer nicht untergehen will. Mit Speed Reading, Improved Reading, Power Reading, Turbo Reading und Alpha Reading, oder wie die Techniken sonst noch alle heißen mögen, die allesamt mehr oder weniger auf denselben Prinzipien basieren, sollen Leser, die im Schneckentempo unterwegs sind, zu wahren Sprintmaschinen umgemodelt werden. Vor allem in der Arbeitswelt wird die schnelle Verarbeitung von Informationen immer wichtiger. Denn Schätzungen zufolge verbringt der Durchschnittsangestellte mittlerweile immerhin zwischen drei und dreieinhalb Stunden täglich mit der Lektüre. Als Begründer der rasanten Wortverschlingerei gilt der australische Psychologe Barrie O. Pettman, der bereits Anfang der 70er Jahre des vergangenen Jahrhunderts festgestellt hatte, dass es Unternehmensmitarbeitern bei der Infoverarbeitung an der nötigen Effizienz fehlt. In Deutschland machte zu Beginn des Jahrtausends Wolfgang Schmitz, ein ehemaliger Konzernmanager, die Methode populär. Doch obwohl die Branche mittlerweile boomt und damit auf ein dringendes Bedürfnis der Zeit zu antworten scheint, muss die Frage erlaubt sein, wie effizient Speed Reading tatsächlich ist. Oder konkreter formuliert: Sind Unternehmen wirklich gut damit beraten, ihre Mitarbeiter in entsprechende Kurse zu schicken? (1), (2), (8)

Speed Reading funktioniert - mit Einschränkungen

Zunächst einmal: Speed Reading funktioniert tatsächlich - allerdings mit Einschränkungen. Wer sich beispielsweise nach einem Turbo-Reading-Seminar an schwerverdaulicher Fachliteratur versucht, sollte seine Erwartungen deutlich nach unten schrauben. Denn je komplizierter der Text, desto schwieriger ist auch das Verständnis; und diese

Kombination verringert die Lesegeschwindigkeit beträchtlich. Das gilt übrigens auch für Cracks, Menschen also, die wie der US-amerikanische Weltrekordhalter Sean Adam, in der Lage sind, mehr als 3 500 Wörter pro Minute zu lesen und danach noch jede Frage zu dem Text korrekt zu beantworten. Wer aber regelmäßig trainiert, kann seine Leseleistung in der Tat zu verbessern. Fraglich ist allerdings, ob es die Mehrheit der Teilnehmer an Schnellleseseminaren anschließend wirklich auf 800 bis 1 000 Wörter pro Minute bringen, wie einige Anbieter vollmundig versprechen. Wissenschaftliche Untersuchungen zu diesem Thema sind bisher noch Mangelware. Alec Mackenzie, der Zeitmanagement-Guru, veröffentlichte einmal eine Berechnung, wonach Studierende bei Verdopplung ihrer Leseeffizienz rund zwei Monate im Jahr an Lernzeit sparen. Die US-amerikanische Professorin Danielle S. McNamara, die sich mit Speed Reading eingehend beschäftigt hat, glaubt aber, dass sich Texte nur dann besonders schnell konsumieren lassen, wenn sie ohnehin schon bekannt sind. (1), (2), (4)

Tipps zur Verbesserung der Leseleistung

Dennoch: Gestresste Kopfarbeiter, die ihre Lese- und Merkleistung verbessern wollen, können von Power-

Reading-Seminaren profitieren. Die Inhalte sind mehr oder weniger immer dieselben, auch wenn es natürlich Variationen gibt. Wesentliche Regeln lassen sich aber wie folgt zusammenfassen: 1. Speed Reader verzichten auf das geistige Mitsprechen von Wörtern. Diese sogenannte Subvokalisation ist mitverantwortlich dafür, dass Durchschnittsleser vergleichsweise langsam durch Texte trotten. 2. Schnellleser haben einen unwiderstehlichen Zug nach vorne. Sie verzichten also darauf, schon einmal Gelesenes zu wiederholen, auch wenn der Drang noch so groß ist. 3. Turboleser verschlingen ganze Wortgruppen, Sätze oder gar Absätze auf einmal. Sechs Wörter auf einmal sind nach Angaben einiger Trainer durchaus machbar. 4. Power Reader teilen eine Seite in drei Spalten ein und hangeln sich Zeile für Zeile an jeweils drei Reizwörtern entlang. 5. Lesehilfen wie Stifte oder Finger halten auf. Allein das schnell über das Blatt gleitende Auge verrichtet die Arbeit. - Eine andere Variante empfiehlt allerdings gerade das Gegenteil. Ein Stift als Lesekrücke hilft Speed Readern, sich besser zu konzentrieren und somit rascher durch den Text zu eilen. - 6. Alpha Reader lesen Texte mehrmals, da jede Wiederholung den Lesestoff fester ins Gedächtnis prägt. Vor allem bei sehr schwierigen Texten ist diese Methode sinnvoll. Das Tempo ist beim ersten Lesen sehr schnell und nimmt dann sukzessive ab. Selbst bei bis zu fünf Wiederholungen sind geübte Leser effizienter als ein Durchschnittsleser, der sich nur einmal durch den Text kämpft. (2), (3)

Die Spreu vom Weizen trennen

Bei der Auswahl der Seminare ist allerdings Vorsicht geboten. Neben seriösen Anbietern tummeln sich auch eine ganze Reihe schwarzer Schafe auf dem Markt, die teilweise mit abstrusen Versprechungen hausieren gehen. Oft genügt aber schon ein Blick in den Marketingtext, um herauszufinden, ob die vollmundig angekündigten Verheißungen realistisch sind oder nicht. Ein klar erkennbares Kurskonzept, das auf einer soliden wissenschaftlichen Basis aufbaut, gute Referenzen und der Nachweis langjähriger Erfahrung können oftmals helfen, die Spreu vom Weizen zu trennen. (6)

Trends

Häppchen-Lesen hilft beim Kampf um den Überblick

Es ist wahrscheinlich, dass der Druck der Umstände den modernen Menschen ohnehin zum Schnellleser machen wird. Bei der Flut an Informationen, die ihn täglich überschwemmt, bleibt ihm gar nichts anderes übrig, als seine Leseleistung zu verbessern oder zumindest sein Leseverhalten zu verändern, will er den Überblick bewahren und nicht im Chaos versinken. Untersuchungen zeigen, dass sich das sogenannte Häppchen-Lesen ausbreitet. Wie beim TV-Channel-Zappen oder dem Surfen im Internet gibt es auch beim Lesen den Trend, Texte bröckchenweise und damit in kürzeren Einheiten als früher zu konsumieren. Es ist außerdem ein Zeichen unseres reizüberfluteten Zeitalters, dass Leser mehrere Quellen parallel konsumieren, ohne sich tiefer auf die jeweiligen Texte einzulassen. Dieses Leseverhalten geht zwar eindeutig zu Lasten der Gründlichkeit, hilft aber dabei, den Kopf über Wasser zu halten. (5)

Fallbeispiele

Großkonzerne interessieren sich für "Improved Reading"

Wolfgang Schmitz, einer der bekanntesten Schnellleser Deutschlands, machte sich 2001 mit seiner Firma "Improved Reading Deutschland" selbstständig. Zu seinen Kunden zählt der Ex-Konzern-Chef Großunternehmen und Behörden wie Procter & Gamble, die Deutsche Telekom oder das Europäische Patentamt. Seine Kurse haben mittlerweile rund 15 000 Teilnehmer besucht. (1)

Speed Reading auch im Internet

Interessenten können Speed Reading auch im Internet austesten. Einen Einstieg bieten Apps, die zumindest grundlegendes Wissen vermitteln. Professionelle Anbieter werben sogar mit ganzheitlichen Konzepten, mit denen sich User von zu Hause aus mithilfe von Online-Schulungsprogrammen vertraut machen können. Dazu gehören neben Speed-Reading-Methoden auch Gedächtnistraining und Entspannungstechniken. Ein Beispiel hierfür ist das Premium Video Training von Centered Learning. (7)

Heller Hintergrund macht schnelles Lesen leichter

Manchmal genügt schon mehr Helligkeit, um seine Leseleistung zu verbessern. Entgegen dem subjektiven Urteil von Probanden haben Untersuchungen einer Mainzer Forschungsgruppe, die sich aus Linguisten und Medienwissenschaftlern zusammensetzte, ergeben, dass Leser iPad-Texte schneller und leichter verarbeiten können als Texte auf Papier oder einem E-Ink-Reader. Der Grund dafür ist der hellere Hintergrund des Tablet-Computers. Was den Einfluss der verschiedenen Medien auf die Merkfähigkeit der Teilnehmer anbelangt, hatte das Papier allerdings leicht die Nase vorne. (9)

Weiterführende Literatur

(1) Auf die Plätze, fertig, lies!
aus DIE WELT, 28.01.2012, Nr. 4, S. 6

(2) Ein Buch in einer Stunde
aus Zeit online vom 28.06.2012, Nr. 26

(3) Warum Schweden besser lesen
aus Die Presse vom 2011-11-05, Seite: K2

(4) Der Traum vom Turbolesen
aus Rhein-Zeitung vom 30.07.2011, Seite 25

(5) 'Es entstehen Bilder im Kopf'
aus Stuttgarter Nachrichten, 10.11.2012, S. 41

(6) Schnelllesen Im Eiltempo
aus SteuerConsultant, Vol. 3, Heft 11/2010, S. 44-46

(7) SpeedReading und SpeedLearning im Internet
aus ddp direct Pressemitteilung vom 09.10.2012,

15:27:01

(8) Mit neuer Technik schneller lesen
aus Zeit online vom 27.08.2010, Nr. 34

(9) Hirne lieben's heller
aus Neue Zürcher Zeitung 13.11.2012, Nr. 265, S. 45

Impressum

Speed Reading - funktioniert, wirkt aber keine Wunder

Bibliografische Information der deutschen Nationalbibliothek

Die Deutsche Nationalbibliothek verzeichnet diese Publikation in der deutschen Nationalbibliografie; detaillierte bibliografische Daten sind im Internet über http://dnb.d-nb.de abrufbar.

ISBN: 978-3-7379-0395-0

© 2015 GBI-Genios Deutsche Wirtschaftsdatenbank GmbH, Freischützstraße 96, 81927 München, www.genios.de

Alle Rechte vorbehalten. Dieses Werk ist einschließlich aller seiner Teile – z.B. Texte, Tabellen und Grafiken - urheberrechtlich geschützt. Jede Verwertung außerhalb der Grenzen des Urheberrechtsgesetzes bedarf der vorherigen Zustimmung des Verlags. Dies gilt insbesondere auch für auszugsweise Nachdrucke, fotomechanische Vervielfältigungen (Fotokopie/Mikroskopie), Übersetzungen, Auswertungen durch Datenbanken oder ähnliche Einrichtungen und die Einspeicherung und Verarbeitung in elektronischen Systemen.